NOTICE

D'UNE COLLECTION

DE

VASES ET DE COUPES ANTIQUES EN TERRE PEINTE

PROVENANT

DU

feu Prince DE CANINO (Lucien Bonaparte)

PAR

Charles Barthelemy (de Paris)

MEMBRE DE LA SOCIÉTÉ DES ANTIQUAIRES DE PICARDIE

PRIX : 50 CENTIMES

SE VEND A PARIS

RUE NEUVE-DES-CAPUCINES, N° 8

Écrire d'avance, pour voir la Collection,
à Monsieur Louis COMETTI, rue Neuve-des-Capucines, 8.

PARIS

TYPOGRAPHIE BÉNARD ET COMPAGNIE,
PASSAGE DU CAIRE, 2.

1848

AVERTISSEMENT.

Les Vases et les Coupes, dont nous donnons aujourd'hui le Catalogue, sont le dernier reflet d'une des plus riches collections qui aient existé jusqu'à ce jour; désormais les fouilles entreprises en Étrurie sont épuisées ; les tombeaux répandus sur cet antique sol n'offrent plus rien à l'avidité des Archéologues.

Cette collection, déjà si précieuse à tant de titres, vient de s'enrichir encore de trente pièces très précieuses, et par l'originalité de la composition, la pureté des lignes et la netteté du dessin; enfin par l'étrangeté même de leur fabrication.

Ces Vases ne laissent rien à désirer sous tous les rapports et se font remarquer, comme les premiers, par les compositions pleines de vie, les scènes remplies de mouvement et d'animation qui en décorent les flancs.

Cette collection, comme on le voit, doit exciter au plus haut degré l'intérêt et l'attention des Amateurs et des Artistes, en un mot de tous les hommes qui compulsent avec amour les vieilles chartes de l'humanité et sondent les entrailles du sol pour découvrir, sous la poussière des siècles, les beautés du génie antique.

On s'est efforcé, dans la composition de ce Catalogue et tout en restant dans les bornes voulues, de jeter un nouveau jour sur ces souvenirs d'un âge si éloigné de nous; on a voulu le faire revivre en quelque sorte, par les explications les plus intéressantes comme les plus vraies qui se présentaient à l'esprit.

Après avoir admiré l'originalité des inspirations, tour à tour gracieuses ou sévères, des Artistes Étrusques, on pourra s'arrêter à considérer l'ensemble de cette collection, et ce sera aux Amateurs à dire si, par sa variété et son choix, elle ne réunit pas toutes les qualités requises.

Ainsi des Coupes, des Vases, des Tasses, des Amphores de toute forme, pleines d'élégance et de grâce.

On verra donc se dérouler autour de ces Coupes si légères, si frêles, on verra se dérouler en légendes artistement peintes, la vie et la civilisation tout entière d'un peuple; on verra ses combats, ses courses de chars, ses fêtes; la vie intime, toutes choses faites pour éveiller l'attention et la curiosité de l'Amateur.

Enfin, nous sommes parvenus à trouver les noms des Artistes dont nous venons de faire passer en revue les ravissants ouvrages : Artistes au talent si vrai, si naïf et parfois si grandiose.

Naucydès, Arydèmus, Euphronius, Onesymus, Andocides, Chélides, Doris, Néandre, leurs noms viennent en foule se presser sous la plume; forcés de faire un choix, nous signalons à l'admiration si justement méritée, les plus célèbres d'entre eux !...

VASES A PEINTURES NOIRES.

N° 1. TASSE A UNE ANSE. — Entre deux grands yeux, un satyre et une ménade qui dansent. La ménade tient à la main une clochette. De chaque côté de l'anse, un satyre qui saute en tenant une bandelette.
 Hauteur 8 centimètres. Diamètre, 10.

N° 2. AMPHORE. — Neptune, debout, appuyé sur son trident, et tenant un petit dauphin, est en regard de Minerve, que suit Mercure.
R. Thésée tuant le Minotaure. Sur le côté gauche du groupe, une jeune Athénienne, étendant les bras vers son libérateur, précède Minos, appuyé sur un sceptre.
 Hauteur 42 centimètres.

N° 3. AMPHORE. — Dans une frise circulaire, on voit trois quadriges dans lesquels sont montés des héros, accompagnés de Bacchus, d'Apollon, et de Minerve.
 Hauteur 40 centimètres.

N° 4. AMPHORE. — Hercule, debout, étouffe le lion de Némée.

Minerve, la lance en arrêt, couvre le héros de son égide. Iolas, debout près d'un arbre, porte la massue.

R. Thésée tuant le Minotaure. Deux jeunes Athéniennes captives, placées sur les côtés du groupe, attendent l'issue du combat.

Hauteur 40 centimètres.

N° 5. AMPHORE. — Le même sujet. Le fond est décoré d'un palmier sur lequel sont implantées des tiges de lierre ; à gauche, au-dessus de l'entrée d'une caverne, contre la paroi de laquelle est appuyée la massue d'Hercule, un corbeau.

R. Un homme barbu et vêtu d'une longue robe, monte sur un quadrige ; vers lui s'avance un hoplite, suivi d'un vieillard qui porte une lance ; près des chevaux est un chien, et en avant de l'attelage se voit un autre guerrier, dont le bouclier porte pour devise une sphère entre deux cercles.

Hauteur 52 centimètres.

N° 6. AMPHORE. — Sous le col du vase et entre deux grands yeux, Hercule, apportant le sanglier d'Erymanthe à Eurysthée, qui, à demi couché dans un cuvier en terre (1), exprime par ses gestes la frayeur extrême qu'il éprouve. Sur les côtés du groupe sont placés, Mercure avec son caducée, et Iolas, qui porte la massue du héros.

R. Entre deux grands yeux, Bacchus, sous une treille, tient un céras entre deux satyres qui sautent.

Hauteur 39 centimètres.

N° 7. AMPHORE. — Hercule armé de sa massue et assaillant deux amazones armées à la grecque, et dont l'une est à moitié vaincue. Une troisième guerrière, armée d'un arc, et placée derrière Hercule, se retire prudemment du combat.

R. Sous une treille, Bacchus tenant un cep de vigne et une trompe faite avec la corne d'un bœuf ou plutôt en terre rouge, comme celle que les enfants font résonner dans nos rues à l'époque du carnaval (2) ; il est entre deux ménades qui dansent.

Hauteur 42 centimètres.

N° 8. AMPHORE. — Hercule, couvert de la peau du lion de Néméc et armé de sa massue, combat le triple Géryon, portant des casques ornés de couronnes de lauriers, et dont l'un des corps, déjà vaincu, se tourne et semble prêt à tomber à terre,

(1) Pithos. Dolium.
(2) Un céras.

près du cadavre d'Eurytion, vêtu d'une peau de chèvre (1) et dont la tête est couverte d'une chevelure qui ressemble à celle des Africains (2). Sur les boucliers de Géryon sont peints un trépied et un aigle aux aîles déployées.

R. Bacchus tenant un céras entre quatre Satyres qui dansent, l'un de ces derniers, vu de face, est d'une laideur repoussante.

Hauteur 40 centimètres.

N° 9. AMPHORE à trois anses pour mettre de l'eau (3). Hercule (ΕΡΑΚΛΕΣ) lutte avec le dieu marin Protée. Nérée (ΝΕΡΕΥΣ) à cheveux blancs et armé d'un sceptre, assiste à cette lutte, ainsi qu'Amphitrite (ΑΜΦΙΤΡΙΤΕ). ΝΙΚΕΣΙΠΟΣ ΚΑΛΟΣ (Nicésippe est beau.)

Frise supérieure. Un éphèbe, monté sur un quadrige, est suivi d'un guerrier. Devant les chevaux, un personnage assis sur un pliant; derrière lui, une femme s'entretient avec un hoplite dont le bouclier est orné de trois demi-lunes.

Hauteur 50 centimètres.

N° 10. AMPHORE. — Hercule combattant le dieu marin Protée. Derrière le groupe, une Néréïde s'enfuit en tournant la tête.

R. Le vieux Nérée, vêtu d'une robe longue (4) et appuyé sur un sceptre, s'entretient avec deux Néréïdes qui tiennent des petits dauphins.

Hauteur 40 centimètres.

N° 11. AMPHORE. — Hercule, cuirassé et la massue sur le dos, s'entretient avec Mercure, qui ramène Alceste des enfers. Celle-ci est voilée et tient une couronne à la main.

R. Entre deux hommes barbus et vêtus de long, une femme, vêtue d'une tunique talaire, se tient des deux mains aux cordes d'une balançoire, qui est mise en mouvement par un petit éphèbe qui se tient sur un pied.

Hauteur 42 centimètres.

N° 12. AMPHORE. — Hercule, à demi couché sur un lit de repos (5) tient un couteau de la main droite, et se tourne vers Mercure, qui regarde en arrière pour l'écouter. En avant du lit,

(1) Une nébride.
(2) Cette chevelure courte et laineuse est rendue par une ponctuation gravée.
(3) Hydrie.
(4) Tunique talaire.
(5) Clinè.

contre lequel est appuyée la massue, est placée une table (1) couverte de deux pains ronds ; sur la paroi du mur, la peau du lion, le carquois et l'épée du héros, A gauche, Minerve, debout ; son bouclier est devant elle, elle porte la lance et la chouette.

R. Vulcain ramené au ciel. Le dieu est barbu et couronné de lierre, et porte sur l'épaule une hache à deux tranchants (2) ; il monte un mulet ; un silène précède le dieu, l'autre le suit, en portant un céras et une outre ; des treilles.

Hauteur 47 centimètres.

N° 13. AMPHORE. — Thésée, armé d'une massue, et la chevelure relevée en arrière et retenue par un bandeau, arrête par une corne le taureau de Crète ; Minerve, debout à côté du héros et s'appuyant sur sa lance, étend son égide protectrice vers lui.

R. Hercule, tenant son arc et sa massue, combat contre deux guerriers géants armés de toutes pièces (3) ; l'un d'eux s'éloigne en tournant la tête.

Hauteur 42 centimètres.

N° 14. HYDRIE. — R. Hercule (ΗΕΡΑΚΛΕΣ) lutte avec le vieux Protée, transformé en monstre marin. Près de ce groupe, on voit Nérée, appuyé sur un sceptre dont l'extrémité représente exactement une fleur de lys, et en arrière une Néréïde qui fait un geste d'effroi. On lit cette inscription ΛΡΕΗ (vieux mot) combat acharné.

Thésée (ΘΕΣΥΣ) accompagné d'un cocher (4) et monté sur un char lancé au galop, enlève Antiope (ΑΝΤΙΟΠΕΙΑ) ; celle-ci, la tête voilée, se tourne en étendant les bras, et paraît implorer la protection de deux guerriers armés de lances et qui accourent avec une grande rapidité. Devant les chevaux, ΕΠΠΟΟ cri du cocher pour les exciter.

Hauteur 47 centimètres.

N° 15. AMPHORE. — Enée, portant son père Anchise, donne la main au jeune Ascagne. Ce groupe, suivi par Créüse, qui marche en tournant la tête, est précédé de Vénus qui tourne également la tête, et semble guider la famille fugitive.

R. Sous un bosquet, Apollon jouant de la Cithare (5), accompagné d'une biche, entre les quatre saisons.

Hauteur 45 centimètres.

(1) Trapèze.
(2) Bipenne.
(3) Hoplites.
(4) Aurige (Auriga).
(5) Citharède (Testudo).

N° 16. HYDRIE. — Combats de deux fantassins, en présence de deux cavaliers.

Frise supérieure. Huit danseurs, un d'eux joue de la double flûte. Les inscriptions expriment les cris confus des danseurs.

Hauteur 32 centimètres.

N° 17. HYDRIE. — Grand tableau. Un homme barbu et vêtu de long conduit un char attelé de quatre chevaux (1). Sur le second plan, et à la gauche du char, un hoplite, un archer et deux femmes, dont la première se trouve près de la tête des chevaux.

Frise supérieure. Deux groupes de combattants. Sur la droite, un hoplite qui n'a point d'adversaire quitte le champ de bataille.

Hauteur 39 centimètres.

N° 18. AMPHORE. — Un hoplite tient tête à deux adversaires, dont l'un, à demi-vaincu, est tombé sur un genou. Sur les boucliers des alliés sont peints l'arrière d'un cheval et deux anneaux aux côtés d'un disque.

R. Le même sujet. Sur le bouclier de l'allié qui résiste est un serpent; sur celui du guerrier qui combat seul est une tête de taureau.

Hauteur 42 centimètres.

N° 19. AMPHORE. — L'Aurore montant sur un quadrige. A la gauche du char, Apollon Citharède est en regard de Diane. Mercure marche devant les chevaux.

R. Bacchus sous une treille, tenant une corne à boire, et en face de lui, Ariadne portant une petite amphore (2). De chaque côté un silène.

Hauteur 60 centimètres.

N° 20. BURETTE A L'HUILE (3). — L'Aurore montant sur un quadrige. A la gauche du char, Apollon jouant de la lyre et Bacchus. Devant l'attelage, une femme assise sur un pliant, c'est Hestia.

Hauteur 20 centimètres.

N° 21. AMPHORE PANATHÉNAÏQUE. — Vase de prix. Minerve debout et vêtu d'une tunique talaire, vibre sa lance; elle est armée d'un casque, d'une égide bordée de serpents et d'un bou-

(1) Quadrige.
(2) OEnochoé.
(3) Lecythus. (λεκυθος)

clier rond décoré d'un Pégase volant. La déesse est placée entre deux colonnes doriques surmontées d'un coq. Le long de la colonne, à gauche, on lit : (TON AΘENEΘEN AΘΛON). Le prix donné à Athènes.

R. Trois coureurs armés (1) s'élancent dans le stade. Sur les boucliers de ces personnages sont figurés des coureurs armés ; à gauche, un panier renfermant le vase qui contenait l'huile si nécessaire aux lutteurs pour oindre leurs membres.

Hauteur 62 centimètres.

N° 22. AMPHORE PANATHÉNAÏQUE. — Le même sujet.

R. Un homme barbu montant un quadrige et courant dans l'hippodrome.

Hauteur 62 centimètres.

N° 23. AMPHORE PANATHÉNAÏQUE. — Le même sujet, sauf l'inscription sur le bouclier de Minerve ; un vase à mettre du vin (2) suspendu entre deux pieds recourbés.

R. Le même sujet. Petite frise inférieure, lions et sangliers.

Hauteur 42 centimètres.

N° 24. AMPHORE PANATHÉNAÏQUE. — Le même sujet, sans l'inscription. Sur le bouclier de Minerve est peint le devant d'un Pégase.

R. Un homme barbu, monté sur un quadrige lancé à la course. Au-dessus de l'écuyer, E... ZA: près des chevaux NIKON KAΛOΣ (Nicon est beau).

Hauteur 54 centimètres.

N° 25. VASE A BOIRE (3). — Deux rangs de peintures qui représentent des scènes d'adieu.

Hauteur 42 centimètres.

N° 26. AMPHORE. — Un cavalier barbu, et la tête couverte d'un très petit petase, est armé de deux lances et suivi d'un hoplite et d'un chien. Devant lui se tient une femme vêtue d'un manteau ou robe d'étoffe à fleurs (4). Sur le bouclier de l'hoplite est figuré un chien qui tourne la tête.

R. Une femme voilée s'entretient avec un guerrier accompagné d'un archer et d'un chien ; en arrière de la femme, un autre

(1) Hoplitodromes.
(2) Canthares.
(3) Scyphus.
(4) Péplus.

guerrier qui s'éloigne en tournant la tête et également suivi d'un chien. Les devises des boucliers sont un vase à deux anses et un chien qui regarde en arrière.

Ces deux sujets peuvent avoir rapport à quelque scène de la guerre de Troyes.

Hauteur 40 centimètres.

N° 27. LÉCYTHUS. — Un homme barbu, assis sur un pliant (1), est placé au milieu de quatre autres personnages drapés qui portent des baguettes.

Hauteur 26 centimètres.

N° 28. AMPHORE. — Bacchus ramenant Ariadne, que Thésée avait abandonnée dans l'île de Naxos, Mercure qui a aidé le dieu son frère dans cette entreprise le précède, et une des femmes d'Ariadne se tient debout, devant les chevaux ; le guerrier et un vieillard, père de la princesse, complimentent Bacchus sur sa belle action.

R. Adieux d'Hector et d'Andromaque. Devant le char du héros, un guerrier armé d'une lance et d'un bouclier rond, sur lequel est une cuisse et une jambe d'homme agenouillé. Les costumes des personnages sont phrygiens.

Hauteur 60 centimètres.

N° 29. AMPHORE. — Des treilles, pampres et grappes de raisin, des satyres et des ménades ivres se livrent à des danses grotesques : au milieu d'eux, Bacchus, barbu et couronné de pampres, tient un canthare ; Ariadne porte un œnochoé pour lui verser à boire.

R. Un homme barbu et drapé, placé entre deux guerriers ; une femme affligée, puis un autre groupe analogue. Entre deux yeux, un éphèbe drapé conduisant un cheval; il est suivi d'un éphèbe pareillement drapé et tenant une baguette; devant le cheval un personnage drapé qui semble observer le coursier.

R. Thésée terrasse le Minotaure en présence de trois hommes drapés.

Hauteur 40 centmètres.

(1) Ocladias.

VASES

A PEINTURES ROUGES ET JAUNES.

N° 30. AMPHORE DE NOLA. — Bacchus, debout, tient son thyrse dans une direction horyzontale, et présente un canthare.
R. Une ménade qui porte un thyrse (1) et une aiguière (2) va offrir à boire à Bacchus.
Hauteur 37 centimètres.

N° 31. TASSE A DEUX ANSES. — Un silène portant un petit vase sur la main gauche, tient une petite cuillère de métal (3) de la main droite; à ses pieds est déposé un vase à deux anses (4).
R. Une ménade tenant une tige de lierre, s'enfuit en tournant la tête.
Hauteur 8 centimètres, diam. 11 cent.

N° 32. TASSE A DEUX ANSES. — Une ménade, vêtue d'une tunique courte, et portant une peau de panthère (5), tourne la tête; elle tient une tige de lierre de la main gauche et marche en étendant le bras droit.
R. Un jeune homme (6) drapé; au mur est suspendue une double flûte.
Hauteur 8 centimètres, diam. 11 cent.

N° 33. OENOCHOÉ. — Un satyre qui saute, regarde en arrière, en portant la main gauche à sa tête, et en tenant de la main droite une branche de lierre. Derrière lui un lierre; devant lui cette inscription : ΤΟ ΠΑΙΣ ΚΑΛΟΣ (L'enfant est beau.)
Hauteur 21 centimètres.

N° 34. SCYPHUS. — Un joueur de lyre (7) barbu et couronné de pampres, en regard de trois autres personnages également couronnés de pampres, et faisant les gestes animés qui précèdent

(1) Thyrsophore.
(2) OEnochoé.
(3) Simpulum.
(4) Cratère.
(5) Pardalide.
(6) Éphèbe.
(7) Liricine.

l'ivresse. Deux de ces bacchants tiennent des vases et le troisième un bâton.

R. Trois hommes nus et couronnés de pampres se livrent au plaisir de la danse.

Hauteur, 40 centimètres.

N° 35. HYDRIE. — Deux éphèbes, couronnés de lierre et à demi-couchés sur la terre, s'appuient sur des coussins ; celui de droite présente un gobelet (1). Au-dessus du second, on lit, en caractères rétrogrades, ΚΑΛΟΣ (beau).

Hauteur, 34 centimètres.

N° 36. AMPHORE. — Neptune, debout et enveloppé d'un manteau, est appuyé sur son trident. Sa chevelure, relevée en arrière, est maintenue par une couronne de laurier. Devant lui, Amphitrite, coiffée d'un bonnet et enveloppée d'un péplus, porte un petit dauphin dans sa main droite.

R. Une Néréide, vêtue de long, marche en tournant la tête et en tenant un disque.

Hauteur, 32 centimètres.

N° 37. HYDRIE. — Réunion de cinq divinités. A la gauche, Mercure (ΗΕΡΜΕΣ ΚΑ...) barbu, tient son caducée à la main ; près de lui, Bacchus (ΔΙΟΝΥΣΟΣ), tenant un canthare et deux branches de lierre ; plus loin, Dioné (ΔΙΟΝΑ), couronnée de smilax, se retourne vers Bacchus et semble lui rajuster sa couronne de pampres. Dans le dernier groupe à droite, est Neptune (ΠΟΣΕΙΔΟΝ), couronné de lierre et portant le trident et un dauphin. Devant lui, Amphitrite, la tête entourée d'un diadème et d'une couronne de smilax.

FRISE SUPÉRIEURE. — L'armement de Pâris. Un quadrige à droite, monté par un éphèbe casqué. ΣΟΣΤΡΑΤΟΣ ΧΑΙΡΕ (salut Sostrate). Derrière le quadrige, un hoplite relève sa lance, tombée à terre ; sur son bouclier un trèfle. Devant lui, et en sens rétrograde, ΧΑΡΕΣ (Charès). Devant les chevaux est un chien accroupi et le mot ΧΑΙΡΕΤΟ (Salut ou adieu). Ensuite vient Pâris coiffé du bonnet phrygien et occupé à arranger son arc ; devant lui est un hoplite qui se baisse pour prendre son bouclier, sur lequel on voit une cigogne. ΕΥΘVΜΙΔΕΣ ou ΕΛΟΜΙΔΕΣ (Euthymidès ou Elomidès. Ce vase est un des plus beaux de la collection.

Hauteur, 48 centimètres.

(1) Cylix.

N° 38. AMPHORE. — Un jeune guerrier monte sur un quadrige et paraît écouter le discours d'un autre guerrier debout près du char. Ce dernier, qui est barbu, porte un serpent sur le cimier de son casque, et son bras est armé d'un bouclier orné d'un sphynx. Devant les chevaux, un petit éphèbe qui rajuste quelque chose à l'attelage. Δ. ΜΑΣ (Démas ou Damas). ΧΑΙΡΕ ΣΤΡΑΤΟΣ ΚΑΛΟΣ. (Salut, Stratus est beau, ou mieux Chrérestrate est beau).

R. Une femme laurée et enveloppée d'un pèplus orné d'un capuce, présente une couronne à un éphèbe, dont la tête est ceinte de feuilles de smilax. Entre ces deux figures, on lit : ΧΑΙΡΕΤΕ (Salut!) Derrière la femme, un homme barbu, couronné d'algues et enveloppé dans un manteau. ΣΟΡΕΜΟΣ (rétrograde). Sorémus.

Hauteur, 60 centimètres.

N° 39. HYDRIE. — Trophée formé d'une cuirasse couverte d'écailles, d'une épée renfermée dans son fourreau, d'un bouclier béotien et d'un beau casque (aulopis), en partie couvert d'écailles, surmonté de trois panaches, et dont les géniastères sont ornées d'un lion. Le tout posant sur une bordure de méandres et d'échiquiers.

Hauteur, 27 centimètres.

N° 40. AMPHORE DE NOLA. — L'Aurore, vêtue d'une tunique talaire, poursuit Céphale, qui porte deux javelots; il est vêtu de la chlamyde et a son chapeau jeté derrière ses épaules. ΚΑΛΟΣ (Beau).

R. Un des frères de Céphale, enveloppé dans son manteau, s'appuie sur un bâton. ΚΑΛΟΣ (beau), répété deux fois.

Hauteur, 33 centimètres.

N° 41. AMPHORE DE NOLA. — Mercure barbu, couvert de la chlamyde, et le pétase (1) jeté sur le dos, est chaussé de brodequins ailés; le dieu, tenant son caducée de la main gauche, donne la droite à un jeune guerrier debout devant lui; à la suite de ce dernier est une femme qui paraît prêter beaucoup d'attention à l'entretien des deux personnages précédents.

R. Un homme barbu, appuyé sur un bâton et placé entre un homme et une femme, qui lui adressent la parole.

Hauteur, 59 centimètres.

(1) Chapeau plat.

COUPES

A PEINTURES NOIRES.

N° 42. Ext. — Un Sphynx assis entre deux hommes debout.
R. Même sujet.
Diamètre, 21 centimètres.

N° 43. Int. — Le Gorgonium.
Ext. — Entre deux grands yeux, Hercule debout et combattant le lion de Némée, qu'il va frapper avec sa massue. Les spectateurs de cette lutte sont : Minerve, Iolas et Mercure.
R. Entre deux grands yeux, Bacchus, assis sur un pliant, tient une corne à boire et une grande tige de lierre. Devant lui est un satyre qui, tenant une petite amphore, lui présente à boire. Deux satyres qui dansent.
Sous les anses, des Harpies.
Diamètre, 38 centimètres.

N° 44. Ext. — Hercule combat le lion, en présence de deux personnages debout et appuyés sur des piques. Le même sujet est répété des deux côtés.
Légendes propres à encourager le héros.
Diamètre 20 centimètres.

N° 45. Ext. — Trois groupes de combattants. Inscriptions peu lisibles.
R. Trois cavaliers, coiffés de bonnets phrygiens et portant des petits manteaux, courent à la file en se dirigeant vers la gauche. Inscriptions peu lisibles. Toutes ces inscriptions paraissent être des acclamations.
Diamètre 23 centimètres.

N° 46. Int. — Un hoplite, marchant très rapidement, se retourne couvert de son bouclier, et tenant sa lance en arrêt.
Ext. — Entre deux grands yeux, une harpie, ornée de pendants d'oreilles et couronnée de myrte.
Diamètre 32 centimètres.

N° 47. Ext. — Combat de quatre hoplites contre quatre cavaliers. Sur les boucliers, l'arrière d'un lion et un serpent qui se détache en relief. Dix-sept inscriptions peu lisibles.

R. Autre combat de quatre cavaliers contre trois hoplites. A droite, deux autres guerriers qui combattent ensemble. Vingt inscriptions mal tracées.

Diamètre, 30 centimètres.

N° 48. INT. — Le Gorgonium.
EXT. — Entre deux grands yeux, un hoplite, à demi agenouillé et couvert d'un bouclier, tient sa lance à la main.
R. Le même sujet.
Diamètre 21 centimètres.

N° 49. EXT. — Entre deux grands yeux, deux guerriers, la visière du casque abaissée sur le visage, combattent à coups de lance.
R. Le même sujet. Sous chaque anse des treilles.
Diamètre 32 centimètres.

N° 50. INTÉR. — Le Gorgonium.
EXTÉR. — Entre deux grands yeux, un guerrier, couvert de son bouclier, tourne la tête et lance un javelot.
R. Le même sujet.
Diamètre 21 centimètres.

N° 51. INTÉR. — Le centre est occupé par un bouton de bronze servant à fixer la coupe sur son pied. Cette restauration est antique.
EXTÉR. — Deux hommes agenouillés, l'un devant l'autre, tiennent un coq qu'ils vont lancer au combat.
R. Le même sujet. De chaque côté, une inscription consistant en des cris destinés à exciter les coqs.
Diamètre, 31 centimètres.

N° 52. INTÉR. — Un homme, botté d'une jambe, court en étendant le bras droit autour de lui... ΚΟΣΘΕΝΕΣ ΕΠΟΙ (Nicosthènes fit.)
EXTÉR. — Entre deux yeux, un homme nu, de forme grotesque.
R. Entre deux yeux, un bélier debout et qui tourne la tête en arrière.
Diamètre 31 centimètres.

N° 53. — Manière phénicienne; fond blanc. — INT. Un cavalier nu. Devant lui un petit génie ailé. Plusieurs oiseaux fantastiques.
Diamètre 19 centimètres.

N° 54. INTÉR. — Un éphèbe, nu et le bras gauche couvert d'une draperie, court en tournant la tête et en tenant un bâton noueux. HO ΠΑΙΣ ΚΑΛΟΣ (L'enfant est beau.)
EXTÉR. — Un guerrier, coiffé d'un bonnet phrygien, se couvre de son bouclier.
Diamètre 34 centimètres.

N° 55. INTÉR. — Un homme nu et qui court, tourne la tête en étendant le bras droit.
EXTÉR. — Un guerrier, accroupi et en partie couvert d'un bouclier de forme ronde.
R. Le même sujet.
Diamètre 30 centimètres.

N° 56. EXTÉR. — Entre deux yeux, une femme marche en tournant la tête.
R. Même sujet.
Diamètre 29 centimètres.

N° 57. EXTÉR. — Un jeune cavalier, nu et armé d'une lance.
R. Le même sujet. Derrière lui, une bouteille ronde et plate à anses.
Diamètre 22 centimètres.

N° 58. EXTÉR. — Un hyppalectryon (cheval-coq.)
R. Le même sujet.
Diamètre 21 centimètres.

N° 59. EXTÉR. — Sur chacun de ses côtés extérieurs, des lions et des daims.
Diamètre 13 centimètres.

N° 60. — Deux grands yeux séparés par des ornements. Au-delà sont deux oreilles de cheval, dessinées au trait. Le tout forme une face monstrueuse.
Diamètre 29 centimètres.

N° 61. EXTÉR. — Deux coqs et une poule.
R. Sujet analogue. Au-dessous une inscription propre à exciter les coqs au combat.
Diamètre 24 centimètres.

N° 62 EXTÉR. — Un cygne placé au centre de deux personnages drapés et de deux daims qui broutent.
R. Le même sujet.
Diamètre 21 centimètres.

N° 63. EXTÉR. — Portant sur ses deux faces l'inscription qui suit : NAVKV..Σ ΕΣVΕΝΣΕΝ (Naucydès a fait.)
R. ΑΡVΔΕΝΟΣ ΕΠΟVΠΟΕΝ (Arydêmus a fait.)
Diamètre 26 centimètres.

N° 64. Combat de deux hoplites; un personnage assis sur un Ocladias ; un écuyer conduisant un char attelé de deux chevaux. Devant l'attelage, trois guerriers dont un est étendu par terre.
R. Même sujet.
Diamètre 29 centimètres.

N° 65. EXTÉR. — Entre deux sphynx, un groupe de combattants : un quadrige, accompagné d'un coureur. Au-dessus de sa tête vole un oiseau de proie.
R. Même sujet.
Diamètre 29 centimètres.

N° 66. INTÉR. — Hercule terrasse le lion de Némée.
EXTÉR. — ΝΕΑΝΔΡΟΣ ΕΠΟΙΕΣΕΝ (Néandre a fait.)
R. Cette inscription se répète des deux côtés.
Diamètre 24 centimètres.

COUPES

A PEINTURES ROUGES ET JAUNES.

N° 67. INTÉR. — Un guerrier, debout et appuyé sur sa lance, porte au bras gauche un bouclier sur lequel est peint un taureau; son casque, à double panache, est richement orné. Sur la géniastère de devant, une panthère qui prend sa course. Près de ce guerrier un jeune enfant dont la partie supérieure est cachée par le bouclier du guerrier. ΓΛΑΥΚΟΣ ΚΑΛΟΣ (Glaucus est beau.)

Extér. — Combat de Grecs et de Barbares.

R. Le même sujet.

Diamètre 30 centimètres.

N° 68. Intér. — Un hoplitodrome. HO ΠΑΙΣ ΚΑΛΟΣ. (L'enfant est beau.)

Extér. — Combat entre deux cavaliers et deux guerriers à pied.

R. Un satyre arrêtant un mulet, près de lui une ménade repousse un satyre qui veut la saisir dans ses bras. Plus loin un satyre est placé près d'un second mulet. Cette marche est fermée par un dernier satyre, dont la tête est vue de face. HO ΠΑΙΣ ΚΑΛΟΣ (L'enfant est beau.)

Diamètre 32 centimètres.

N° 69. Intér. — Un homme nu et barbu se dispose à attacher sa seconde bottine. Près de lui est son casque, posé à terre. HO ΠΑΙΣ ΚΑΛΟΣ.

Extér. — Combat de cinq guerriers. HO ΠΑΙΣ.

R. Cinq éphèbes nus. L'un porte une outre, l'autre une lyre; le troisième joue de la double flûte, un autre porte un amphore et une coupe. Dans le fond est suspendue une timbale. ΚΑΛΟΣ (Beau).

Diamètre 33 centimètres.

N° 70. Intér. — Un éphèbe nu et à demi-courbé paraît vouloir saisir six petits rameaux dispersés près de ses mains. Sa tête est entourée d'une bandelette fort large et très longue. Une autre bandelette est placée sur son corps, et enfin, une troisième, qui est sans appui, se déroule près de ses cuisses. HO ΠΑΙΣ ΚΑΛΟΣ (L'enfant est beau).

Extér. : — Quatre éphèbes, partagés en deux groupes, paraissent s'entretenir ensemble.

R. Le même sujet.

Diamètre 34 centimètres.

N° 71. Intér. — Un éphèbe nu s'apprête à lancer son disque.

Extér. — Un homme vêtu de long, au milieu de cinq éphèbes qui se livrent à différents exercices gymnastiques.
R. Sujet du même genre.
Diamètre 34 centimètres.

N° 72. Intér. — Un éphèbe nu marche en tenant un disque. ΚΛΛΟΣ (Beau). Derrière lui une pioche.
Extér. — Trois éphèbes; deux s'exercent à lancer le disque. HO ΠΑΙΣ ΚΑΛΟΣ. Le troisième étend les mains en avant.
R. Deux éphèbes se lavent les mains dans une cuve de pierre, un autre porte deux balanciers de plomb. HO ΠΑΙΣ ΚΑΛΟΣ.
Diamètre 34 centimètres.

N° 73. Intér. — Un discobole. ΚΑΛΟΣ. Un pic à côté.
Extér. — Entre deux yeux, un éphèbe nu et courbé soulève des contre-poids posés à terre.
R. Le même sujet.
Diamètre 33 centimètres.

N° 74. Intér. — Un joueur de trompette portant au bras un bouclier rond. HO ΠΑΙΣ ΚΑΛΟΣ.
Extér. — Entre deux yeux, un discobole plantant un petit piquet en terre. ΚΑΛΟΣ.
R. Un éphèbe nu, renversé en arrière et appuyé sur ses deux mains, porte en équilibre sur son ventre une tasse à deux anses. Sous lui est placé un vase à une anse.
Diamètre 34 centimètres.

N° 75. Intér. — Un éphèbe nu, levant des haltères. X... ΛΙΣ ΕΠΟΙΕΣΕΝ (Chélis a fait.)
Extér. — Un discobole et cinq autres éphèbes; deux d'entre eux s'exercent à la lutte.
R. Deux éphèbes conduisant trois chevaux.
Sous les anses deux poissons.
Diamètre 36 centimètres.

N° 76. Intér. — Un éphèbe nu court en jouant des crotales.
Extér. — Treize éphèbes se livrent à des amusements divers: l'un joue de la double flûte, un second joue des tymbales. Quelques uns dansent au son des crotales. HO ΠΑΙΣ ΚΑΛΟΣ (Le garçon est beau). D'autres, tenant des coupes, sont montés

sur le dos de leurs compagnons, qui relèvent une Amphore. HO ΠΑΙΣ ΚΑΛΟΣ. Au mur, sont suspendus des paniers.
Diamètre 34 centimètres.

N° 77. PEINTURES NOIRES. — Un homme nu et courbé tient une pioche et deux baguettes. HO ΠΑΙΣ ΚΑΛΟΣ (L'enfant est beau.)

EXTÉR. (PEINTURES ROUGES) — Entre deux yeux, un éphèbe nu se dispose à ramasser des haltères HO ΠΑΙΣ ΚΑΛΟΣ.
R. Le même sujet.
Diamètre 34 centimètres.

N° 78. INTÉR —Un jeune cavalier, vêtu d'une chlamyde, et coiffé d'un petit chapeau et tenant deux lances, καλος ΕΡΟΘΕΜΙΣ (Hérothémis est beau.) ΕΥΦΡΟΝΙΟΣ ΕΠΟΙΕΣΕΝ (Euphronius a fait.)

EXTÉR. — Un homme, coiffé du bonnet phrygien, tient en laisse un cheval placé près d'une colonne dorique. Derrière le cheval, un enfant tenant une baguette et deux javelots. Sur le chapiteau de la colonne on lit : ΛΥΚΟΣ (Lycus.) et ΚΑΛΟΣ ΕΡΟΘΕΜΙΣ (Hérothémis est beau.) Sur la droite, un cavalier armé de deux javelots.

R. Trois cavaliers se dirigent vers le temple d'Apollon Thymbréus. ΟΝΕΣΙΜΟΣ ΕΓΡΑΦΕ (Onésimus a peint.)
Diamètre 31 centimètres.

N° 79. INTÉR. — Un homme barbu embrasse un éphèbe. Dans le fond une colonne et un siége chargé d'un coussin.

EXTÉR. — Deux victoires présentent des bandelettes à un éphèbe nu, debout près d'un autel. Sur un des côtés un vieillard chauve regarde cette scène; sur l'autre côté est placée une femme.

R. Sujet analogue.
Diamètre 27 centimètres.

N° 80. INTÉR. — Deux éphèbes en regard, et dont l'un est appuyé sur un bâton.

EXTÉR. — Trois éphèbes debout et enveloppés dans leurs manteaux (1). Dans le champ est suspendu un van. HO ΠΑΙΣ ΚΑΛΟΣ. (L'enfant est beau.)

R. Un éphèbe, vêtu d'une tunique et portant un van. Au-dessous est un cippe chargé de cinq lettres et sur lequel est posée

(1) Tribons.

une chlamide soigneusement pliée. Deux éphèbes ; l'un tenant un javelot, l'autre une épée.

Diamètre 24 centimètres.

N° 81. INTÉR. — Un éphèbe tenant des poids. HO ΠΑΙΣ ΚΑΛΟΣ.

EXTÉR. — Deux éphèbes puisent dans un grand vase ; plus loin, un de leurs compagnons, portant un bâton, court et tient suspendu à son bras un sac dans lequel on mettait les pierres pour garnir la fronde. HO ΠΑΙΣ ΚΑΔΟΣ.

R. Trois éphèbes ; un d'eux plonge ses bras dans un grand vase à deux anses. Un autre apporte un linge déplié. Le troisième tourne la tête en s'éloignant. HO ΠΑΙΣ ΚΑΛΟΣ.

Diamètre 34 centimètres.

N° 82. INTÉR. — Un éphèbe tenant un céras.

EXTÉR. — Un éphèbe nu s'enfuit à la vue d'une panthère déchirant un daim.

R. Trois éphèbes ; l'un portant ses vêtements réunis dans un paquet ; le second tenant un disque et le dernier étendant le bras droit et s'appuyant de l'autre sur un bâton. HO ΠΑΙΣ ΚΑΛΟΣ.

Diamètre 33 centimètres.

N° 83. INTÉR. — EXTÉR. — Mêmes sujets.

R. Un éphèbe conduisant deux chevaux en laisse. HO ΠΑΙΣ ΚΑΛΟΣ.

Diamètre, 33 centimètres.

N° 84. INTÉR. — Un éphèbe portant une outre.

EXTÉR. — Entre deux yeux, un hoplite à moitié couvert de son bouclier.

R. Le même sujet.

Diamètre, 35 centimètres.

N° 85. INTÉR. — Deux éphèbes ; l'un paraît offrir à son compagnon un fruit. HO ΠΑΙΣ ΚΑΛΟΣ.

EXTÉR. — Une femme entre deux éphèbes. HO ΠΑΙΣ ΚΑΛΟΣ.

R. Sujets analogues. Au mur, une bourse et un rouleau de papyrus.

Diamètres, 25 centimètres.

N° 86. INTÉR. — Un éphèbe drapé et une femme enveloppée du tribon.

EXTÉR. — Une femme et deux éphèbes.

Diamètre, 24 centimètres.

N° 87. EXTÉR. — Trois éphèbes appuyés sur des bâtons.
R. Un joueur de double flûte, assis au milieu de deux hommes debout. Au mur, un casque, une bourse.
Diamètre, 23 centimètres.

N° 88. INTÉR. — Un jeune lyricine marche, appuyé sur un bâton noueux. ΑΡΙΣΤΑΡΧΟΣ ΚΑΛΟΣ (Aristarque est beau).
EXTÉR. — Trois hommes laurés. Ils portent des coupes, une torche ; l'un d'eux joue de la double flûte.
R. Un joueur de flûte, près d'un autre qui tient une coupe et d'un autre compagnon muni d'un simpulum. Au mur, un étui à serrer les flûtes.
Diamètre, 31 centimètres.

N° 89. INTÉR. — Une Tibicine enveloppée de son manteau et portant son bagage sur le dos, marche en jouant de la flûte, derrière elle, l'extrémité d'un lit garni de coussins ; plus loin un bâton. ΗΟ ΠΑΙΣ ΚΑΛΟΣ (Le garçon est beau).
Diamètre, 21 centimètres.

N° 90. INTÉR. — Un homme barbu et couronné de fleurs, à demi couché sur un lit de repos. Près de lui, une joueuse de flûte; sur un petit socle sont posés une coupe et un bâton. ΛΥΣΙΣ ΚΑΛΟΣ (Lysis est beau). ΗΟ ΠΑΙΣ ΚΑΛΟΣ (L'enfant est beau).
EXTÉR. — Retour de Vulcain à l'Olympe. — Voir le n° 12.
R. Bacchus tenant un cep de vigne et un canthare. Un satyre qui le précède joue de la double-flûte ; une ménade agite des crotales ; une autre ménade court en tenant un thyrse et des crotales.
Diamètre, 32 centimètres.

N° 91. INTÉR. — Deux éphèbes couchés sur un lit de repos et tenant des coupes. Au pied du lit, des bottines. ΗΟ ΠΑΙΣ ΚΑΛΟΣ.
EXTÉR. — Un éphèbe jouant au cerceau (1) et tenant, par les oreilles, un lièvre. ΗΟ ΠΑΙΣ ΚΑΛΟΣ.
R. Un éphèbe, debout, s'appuie sur un bâton noueux.
Diamètre, 31 centimètres.

N° 92. INTÉR. — Une femme coiffée d'un bonnet et portant une barbe postiche, marche en tournant la tête et appuyée sur un bâton. Elle porte un instrument à faner.
Diamètre, 22 centimètres.

(1) Trochus.

N° 93. — Un joueur de flûte, vêtu de long et couronné de laurier ; il a autour de la bouche une espèce de ligature ou bandage composé de plusieurs courroies de cuir qui viennent se rattacher derrière sa tête ; c'était un usage des joueurs de flûte, afin que leurs joues ne parussent pas enflées et qu'ils pûssent mieux gouverner leur haleine. Les Grecs appelaient cette ligature : φορβιον et στομιον (devant le joueur de flûte). Un guerrier armé d'un javelot et d'un bouclier. Derrière le musicien : ΑΡΙΣΤΕΙΔΕΣ (La récompense du courage) ; derrière le guerrier, ΑΛΑΣΤΙΕ (Un homme qui a fait des choses immortelles).
Diamètre, 21 centimètres.

N° 94. — Un vendangeur, barbu et couronné de pampres se relève, chargeant sur ses épaules deux amphores pleines de vin, attachées à un bâton. La satisfaction est empreinte sur son visage. ΠΡΟΣΑΓΟΡΕΥΟ (Je salue ou je proclame le vainqueur).
Diamètre, 21 centimètres.

N° 95. — Un homme barbu, enveloppé dans son manteau et appuyé sur un bâton, regarde attentivement un lièvre pendu à la muraille. En arrière de ce personnage est un cippe carré. ΑΡΙΣΣΕΙΔΕΣ ΚΑΚΟΣ (Aristide est beau).
Diamètre, 21 centimètres.

N° 96. — Un satyre tenant un céras et traînant derrière lui une outre. ΗΟ ΠΑΙΣ ΚΑΛΟΣ (L'enfant est beau).
Diamètre, 31 centimètres.

N° 97. — Un éphèbe drapé tient à deux mains une coupe qu'il va déposer sur une pierre cubique. Derrière lui est un cippe décoré d'un fronton triangulaire.
Diamètre, 21 centimètres.

N° 98. — Un éphèbe n'ayant pour vêtement qu'une chlamide. Inscription incomplète.
Diamètre, 21 centimètres.

N° 99. — Une déesse assise sur un pliant et tenant une fiole et un volumen déroulé sur lequel sont tracés des caractères qui forment les mots : ΠΟ ΠΑΙΣ ΚΑΛΟΣ (L'enfant est beau.
Diamètre, 20 centimètres.

N° 100. — Un homme barbu, coiffé d'un petit casque et vêtu

d'un petit manteau qui recouvre sa tunique, s'apprête à jeter des dés qu'il tient dans sa main. Derrière lui est posé son javelot.
Diamètre, 22 centimètres.

N° 101. — Éphèbe enveloppé dans son manteau et assis sur une pierre cubique.
Diamètre, 22 centimètres.

N° 102. — Une jeune femme, vêtue d'une tunique talaire et d'un ample péplus, tient d'une main un vase et de l'autre une bandelette brodée.
Diamètre, 20 centimètres.

N° 103. — Un éphèbe drapé s'appuie sur un long bâton recourbé et entouré de bandelettes, et répand d'une main l'orge sacrée sur un autel allumé; derrière lui, un cippe. ΚΑΛΟΣ (beau).
Diamètre, 21 centimètres.

N° 104. — A l'extérieur on voit un sujet identique ; des deux côtés, une panthère entre deux yeux.
Diamètre, 18 centimètres.

N° 105. — Un homme nu et barbu, ayant un manteau suspendu sur ses épaules et la causia pendue à son cou, fait une libation dans le feu qui brûle sur un autel ; de l'autre il tient un instrument destiné à attiser le feu.
Extér. Un homme barbu et drapé, assis sur un Ocladias, entre deux sphynx.
R. Le même sujet.
Diamètre, 24 centimètres.

N° 106. — Une femme nue est occupée à se laver dans une baignoire.
Diamètre, 22 centimètres.

N° 107. — Un éphèbe nu tenant une baguette fourchue ; près de lui une pioche et un cippe.
Diamètre, 21 centimètres.

N° 108. — Un homme barbu et drapé et un éphèbe tenant un strigile.
Diamètre, 22 centimètres.

N° 109. — Un homme barbu et enveloppé dans son manteau tient une fourche à deux dents. HO ΠΑΙΣ ΚΑΛΟΣ (l'enfant est beau)

EXTÉR. — Deux groupes de lutteurs et un pédotribe armé d'une baguette fourchue.

R. Deux groupes de pugilateurs et un pédotribe appuyé sur un bâton ; un second pédotribe cherche à séparer les combattants.

Diamètre, 29 centimètres.

N° 110. INTÉR. — Un éphèbe vêtu d'une tunique courte et portant un petit vase et un bâton en forme de béquille. HO ΠΑΙΣ ΚΑΛΟΣ.

EXTÉR. — Un sauteur qui se sert d'une perche pour point d'appui.

R. Un homme qui lance le disque.

Diamètre 23 centimètres.

N° 111. INTÉR. — Iris, arrête par le bras Apollon Citharède, et lui apprend que les dieux lui ont pardonné.

EXTÉR. — Trois groupes : dans le premier, un éphèbe drapé, portant sur son épaule un bâton noueux et posant la main sur le bras d'une femme voilée qui tient un coffret ; deux éphèbes, l'un tient une lyre ; dans le dernier groupe, un homme qui montre une bourse à son compagnon.

R. Trois groupes : dans le premier, un homme barbu qui s'entretient avec une femme ; dans le second, un joueur de lyre et une femme ; enfin, dans le troisième, un couple comme dans le premier groupe.

Diamètre, 37 centimètres.

N° 112. — Un guerrier nu et casqué lançant un javelot.
EXTÉR. — Un éphèbe accroupi.
R. Sujet analogue.
Diamètre, 34 centimètres.

N° 113. Un éphèbe couronné de lierre et à demi agenouillé tient un céras. ΚΑΛΟΣ (beau).

N° 114. — Un jeune guerrier casqué s'apprête à frapper de la fronde. MEMNON ΚΑΛΟΣ (Memnon est beau).
EXTÉR. — Entre deux yeux, une feuille.
R. Entre deux yeux, un mulet.
Diamètre 36 centimètres.

N° 115. — Un homme court, en tenant une tête de cerf, un épieu ; sur ses bras est suspendu un filet.

Extér. Neptune monté sur un cheval marin.

R. Le même sujet.

Diamètre 34 centimètres.

N° 116. Intér. — Sur un trône, OEdipe assis, tenant d'une main son sceptre ; de l'autre faisant un geste de surprise et d'horreur en écoutant le berger qui est debout devant lui. ΚΑΛΟΣ (beau).

Extér. Créon raconte l'histoire d'OEdippe à Jocaste, qui s'enfuit d'horreur, ainsi qu'une de ses filles. OEdipe, debout, fait un geste suppliant.

R. Même sujet.

Diamètre, 30 centimètres:

Typographie Bénard et Comp., pass. du Caire, 2.

www.ingramcontent.com/pod-product-compliance
Lightning Source LLC
Chambersburg PA
CBHW060925050426
42453CB00010B/1867